島田順子
おしゃれ
ライフスタイル

Shimada
Junko
Bourron-Marlotte
Montmartre
Style
Tokyo

七夕の日に、またひとつ歳をとりました。
年齢を言うと、まわりはびっくりします。
時が経つのは、本当に早いものですね。

「年齢は関係ない」という人がいますが、
いえいえ、年齢は大いに関係があると思います。
でも年齢に縛られる必要は、まったくないのです。

今朝の服が似合うと思うだけで、
朝、家を出るのが楽しくなります。
そんな風に"小さいうれしいこと"がたくさん重なると、
それは大きな幸せになるんです。
だから、私の服の選び方、組み合わせ方などを見て、
「こういう方法があるんだ」と思っていただけるのなら、
それはとてもうれしいこと。

ある程度、歳を重ねたあなたなら、
自分の中にある"いいもの"が、本当はわかっているはず。
トレンドは関係ありません。

シンプルな自分をもう一度見つめ、
自分に似合うもの、似合わないものを決められる人になってください。
人生は決断の連続です。
今日着る服を決めるのも、ひとつの決断。
その積み重ねが、豊かな楽しい美しい人生をつくっていきます。

島田順子

自分の好きなものに忠実でいましょう

3.

「シングルマザーとしては、
頑張ったと思うわ。
夫も父も常に私の味方で、
それがうれしかった」

「夕焼けを眺めながら、
グラスにシャンパンを注ぐ。
ほっとできる一瞬を、
大事にしたいと思うわ」

島田順子おしゃれライフスタイル

Shimada Junko Style Contents

「好きなものを自由に着る。
パリに長く暮らして、
身についたのは、
このことに尽きるわ」

「家は生き物と同じ。
常に手をかけなければ
ならないの。でも、
その楽しみは格別よ」

「服をつくるのも、
ショーの構成を考えるのも、
本当に楽しくて夢中だった。
今もまったく同じ気持ちよ」

SHIMADA JUNKO
STYLE

Chapter

1

nion

誰もが憧れる、
自由でこなれた着こなし。
島田順子スタイルの秘密を
たっぷりお見せします。

「好きなものを自由に着る。
パリに長く暮らして、
身についたのは、
このことに尽きるわ」

Fash

SHIMADA JUNKO STYLE

イメージをガラッと変えて。着まわしはお手の物です。

特に意識はしていないけれど、スーツをそのままで着るだけでは面白くないから、自然とスカートだけ、ジャケットだけのコーディネートを考えます。あまりスタンダードな印象にならないように、面白おかしくしたい、といつも考えています。

たとえばウールのスーツ。上下で同色、同柄のウールを着ると、印象が重くなってしまう。だったらシルクシフォンなど軽い素材をプラスしてみよう、明るいプリントとあわせたらグッと華やかになるわ！と工夫をします。

タイトスカートにプリーツスカートを重ねて、スコットランドの民族衣装風に着てみたり、チェックのジャケットやカーディガンに、あえてプリントや柄物をミックスして遊んだり。

エレガントなスカートはヒールをあわせたらまとまるけど、すこし物足りない？と感じたら、メンズライクなベルトや靴ではずしてみる。すると服が突然いきいきと、違った表情を見せてくれるのよ。

Chapter 1.
FASHION
"KIMAWASHI"

8.

9.

ツイードスカート
tweed skirt

フロントリボンがポイント、大人のセットアップ。

ツイードのセットアップは3カ所に配したリボンが可愛いアクセント。素足にハイヒールをはいて、抜け感をだしました。「インナーに無地ではなくプリントを選ぶと楽しいわ」

柄on柄で モノトーンを 楽しく着こなして。

モノトーンも定番も、遊びを加えて着るのが順子さん流。前ページのツイードスカートに、格子柄のカシミアニットをミックス。インナーのニットはパンダの目がモチーフです。

10.

11.

チェックとプリーツスカートでスコットランド風。

2016年の秋冬は大好きなスコットランドがテーマ。パリコレで発表したルックを別アイテムで再現しました。スカートの2枚重ねが新鮮！　足元はドライビングシューズでラフに。

タータン ワイドパンツ
tartan wide pants

細身ジャケットと相性がいいボリュームパンツ。

定番のライダースを軽く暖かなムートンで作った自信作。「タイトなジャケットは太いパンツをあわせるとバランスがいいのよ」。パラブーツとコラボレーションしたオリジナルシューズ。

12.

ベルトはパンツに欠かせないアクセサリー。

チェックのニットを右ページのパンツに潔くイン。太めベルトに視線を集めればお腹がすっきり見えます。ヘビロテしているウエスタン風バックルのベルトは、ルイ・ヴィトン。

13.

14.

タータン ストレートパンツ
tartan straight pants

正統派ブレザーにパンツをあわせてダンディに。

定番のブレザーはゴルフの集会など、きちんと感とカジュアル感を出す日に活躍。「タータンチェックのパンツで気障に決めました」。素足にローファーをはいてラフさをプラス。

美しいシルエットのコートをさらりと着こなして。

ウールの一重のコートはボタンのないシンプルなデザイン。右のパンツと靴はそのままに、ペイズリーストールとパールのロングネックレスをプラスして縦長ラインを強調。

両サイドに入れた深めのスリットが動きのあるシルエットを作り、後ろ姿を綺麗に見せる「バックシャンコート」。スタイリストさんたちから大好評の一枚です。

15.

16.

決めすぎると落ち着かないから いつもの小物でドレスダウン。

基本はカジュアルが好き。特別な日だからとおしゃれをして、決めすぎると落ち着かないのよ。たとえばリボンのついたセットアップなど、可愛くて清楚なおしゃれ着は、ワイルドなウエスタンブーツや、北アフリカの市場で買ったカゴバッグをあわせてドレスダウンします。

大切な約束がある日のコーディネートに、気に入ったものを入れるのはとても大切なこと。使い慣れたものを身につけると、リラックスして自然体でいられる。はきなれた靴、ユーモラスなバッグやアクセサリーなど、小物で雰囲気を変えると、自分らしさが出てホッとするのよ。

スポーティな格好にイヤリングやブレスレットをいっぱいつけて、ドレスアップすることもあるわ。仕事終わりのパーティに行くときに、よくすること。ゴルフの後の食事会には、ダウンやブルゾンにビジューバッグやファーバッグをラフに持つと、装いが華やぎます。

Chapter 1.
FASHION
"DRESS DOWN"

17.

ピュアなコートをドレスのように一枚で着る。

丸襟、丸ボタンのコートは胸の下に切り替えを入れ、裾にかけてふわりと広がるシルエット。前をしめれば可愛いドレスに。足元はヒールではなくクラシックなブーツではずす。

優雅なセットアップをウェスタンブーツでカジュアルダウン。

羊のようにふわっとしたツイード素材と、レザーリボンが愛らしいセットアップ。

「ハイヒールだと普通だから、ワイルドなウェスタンブーツで着くずしならぬ、着壊してみました」

18.

華のあるアイテムを日常のシーンで着る、はずしのテクニック。

16-17秋冬コレクションのシルクオーガンジーのフリルトップスと同素材のスカートは、メンズライクなベルトと、49A V．の刺繍入りカーディガンをあわせてカジュアルに。

19.

正統派ワンピースをコートと小物で楽しくアレンジ。

ノースリーブのシンプルなワンピースは一枚だとかっちりしすぎるから、ボリュームコートで甘さを演出。手編みの靴下とコンビのシューズ、カゴバッグがミスマッチで可愛い！

20.

21.

チェックonチェックは色数を抑えるのが上手に着るコツ。

フロントとバックの柄が異なるカシミアニットを「後ろの柄がスカートにあう」とアレンジ。チェック×チェックもトップスと小物をモノトーンにすれば綺麗にまとまります。

自分らしく過ごせる服、それが順子ベーシック。

気に入った服は何枚も持って、とことん長く着ます。クローゼットに同じような服がたくさんあるのに、愛着があって捨てられないのよ。

仕事日はパンツスタイル。ブランドの定番であるノータックパンツやパイソン、デニムに、ニット、ベルト、マニッシュなシューズをあわせます。コートよりも短いブルゾンのほうが活動的だから、よく着るわ。ライダースジャケットは素材を変えてもう30年以上、毎年作っているのよ。Vネック、ボートネック、オフタートルなど首を綺麗に見せてくれるニットも欠かせません。

定番＝シンプルというわけではないのよ。パイソンやアニマルの服は、強い動物が自分を守ってくれる気がして安心できる。一日中心地よく、自分らしくいられる服がわたしのベーシック。女性らしい気分を上げるフリル、スモック、Aラインのドレスや、マリンルック、タータンチェックも永遠の定番です。

Chapter 1.
FASHION
"MY STANDARD"

素材違いで作り続けるライダースジャケット。

ライダースジャケットは1981年以来、毎年作っているベーシック。新作は丸みを帯びた襟と、体に沿った女性らしいフォルムが素敵です。レザーの太ベルトをアクセントに。

22.

23.

パイソンのパンツで格好良く、可愛く。

パイソンのパンツは順子スタイルの超定番。クールな光を放つ素材に楽しいプリントや愛らしいトップスをあわせミスマッチを楽しみます。ドライビングシューズも。

24.

タータンチェックは永遠のベーシック。

「変わらず好きなもの」のひとつ、タータンチェック。新作はAラインのロングスカート。綺麗色のゲージ編みニットが新鮮です。「スコットランド風に帽子をあわせても面白い」

25.

ショートジャケットとスカートでお呼ばれスタイル。

袖と肩がシルク、ボディにレザーを用いたエレガントなショートジャケットに、定番のツイードスカートをあわせて友人宅のディナーへ。J.M.ウェストンのレースアップ靴も定番。

肩のデザインが特徴的なジャケットは、着ていると必ず褒められる一枚。ローマのアートギャラリーで見つけたターコイズのバッグと大ぶりのイヤリングが華を添えています。

古いものも新しいものも、ジャンクなものも。ルールにとらわれない自由な小物使いが順子流。

小物は大事ね。バッグやアクセサリーでワンポイント、ユーモアを入れると個性的でとても素敵になれる。おしゃれは「自分らしさ」を引き出すための工夫。わたしらしい個性を出すためには、定番の服に、遊びのある小物をプラスします。

だって服もバッグも靴もカッチリしていては面白くないでしょう？　雰囲気を壊してくれる小物を使うと、それまで普通だったコーディネートが突然、精彩を放つのよ。

好きな靴は昔から変わらず、メンズライクなフラットシューズ、ヒール、ブーツ。ヒールもクラシックなデザインが好き。同じ物を何足も買いかえます。

古い友達のケンちゃん（高田賢三氏）から「順子は物もちがいいから、40年前から同じ靴をはいてる」ってからかわれます（笑）。

わたしの毎日を支えるトラディショナルシューズ。

「何十年もはき続けて、何十足買いなおしたかわからない」J. M. ウェストンのゴルフシューズ、ローファー、レースアップ、サイドゴアブーツ。クロコダイルやパイソン、スウェードなど、素材違いでもたくさん持っています。「もう生産していないモデルや色もあるため、足にあわせてオーダーしています」

カジュアルダウンにウェスタン、シンプルで頑丈な乗馬ブーツ。

ウェスタンブーツは昔、アメリカでたくさん購入。スタンダードなジャケットや、可憐なトップスにもあわせると全体の印象がカジュアルになり、気楽になれるそう。乗馬ブーツは南仏のカマルグや南西部のビアリッツで購入。「安くて頑丈なのよ。ブーツを買いに、田舎に行きたくなることもあります」

女性を美しく見せるクラシックなハイヒール。

斬新なデザインのハイヒールやサンダルもはきますが、出番が多いのはこちら、クラシックなヒール靴。ポインテッドトゥは2足ともジャンヴィト・ロッシ。エレガントな形が気に入っています。リザード、茶のローヒールはエルメス。「女性はハイヒールをはいて颯爽と歩く姿がいちばん綺麗だと思うわ」

27.

shoes

ゴージャスなハイヒールも好き。でもやっぱり着こなしを決めるのは、この3タイプの靴ね。

bag

着こなしに個性を与える立役者。服とのミスマッチで選ぶと、おしゃれ度がぐっと増します。

遊び心あるバッグでコーディネートを楽しく、自分らしく。

動物好きが高じてデザインした犬のバッグは20年以上前のショーで発表。ブルドッグの顔にスタッズつきの首輪をハンドル部分にアレンジ。「ユーモアがあって気に入っているのよ。食事のときによく持ちます」キャンバス地のバンブートートは商品サンプル。マルシェのカゴのようになんでもポイポイっと入れるのに便利です。

冬でも持つカゴバッグは着崩しに活躍。

大きなカゴは娘さんがスペインに行ったときのおみやげ。ほかは5ユーロくらいで買ったもの。

休日のデニムスタイルに持つのではなく、意外性のあるアイテムとあわせて着崩します。「毛皮のコートに高級ブランドのバッグを持つのは当たり前だけど、カゴバッグだと面白いでしょう？　気分もカジュアルになります。固定観念を崩したほうが、おしゃれは絶対に楽しくなるのよ」

上質素材はカジュアル服とあわせて。

ファーやクロコを用いた上質なバッグはおしゃれ着に持つと普通すぎるから、スポーティな服や日常着にあわせる主義。このクロコダイルのバッグは40年前のモラヴィト。ベルトの留め方が好きで、今も時々持っています。同じ形の白のオーストリッチは夏用。コットンピケのブラウスとあわせると爽やか。

29.

accessory

気に入ったものは即買い。直感で選んだものはどの服ともぴったりあうの。

ビジューもフェイクもルールを決めずに自由にミックス。

右下のブレスはインディアンジュエリー。左のダイヤのブレスやリングとあわせたり、と自由に組み合わせている。「フェイクだから、本物だからと決めつけないでいろいろつけてみて。そのほうが絶対に楽しいから！大ぶりのイヤリングをつけると、視線がそこに集まります。疲れて顔に視線を集中させたくないなあ、という日に便利なのよ（笑）」

一生もののゴールドアクセサリー。

ネックレスは友人のアーティスト、クロード・ラランのプレゼント。「泥棒に入られてジュエリーが全部なくなってしまったときに、作ってくれました。腕にぐるぐる巻いて、ブレスにして使います」ツヤ消しのボリュームブレスは、アトリエのそばの店で発見して、すごく高かったけど衝動買い。シンプルなニット、6分袖のドレス、何にでもあって便利。

つい買ってしまう、ユーモアのあるアクセサリー。

「真面目じゃないアクセサリーが好き。サンゴ使いの虫のブローチ、おかしいでしょう？　ゴールドのペンダントは中が鏡なのよ」。服装がつまらないと感じたら、ユニークな小物をアクセントに。そのプラスαがとても大切なのです。「小さな翡翠のバッグはアンティーク。家の鍵と口紅を入れて、パーティに」

いつもアクティブでいたい。スポーツラインで気分アップ。

ジュンコシマダのトラッド&カジュアルに、機能性を持たせたスポーツライン、『PART2 BY JUNKO SHIMADA』が誕生。汗や水に強い素材、軽い運動に対応する伸縮性やUVカット効果を搭載。アクティブな日常シーンで、心弾むおしゃれを。

アフターテニスを優雅に楽しむような大人のトラッド

首まわりをゆったりと開けた、コットン100%のエレガントな長袖ポロシャツ。ストレッチ素材のデニムスカートはケーブルニットのカーディガンとあわせ、大人のカジュアルに。

Chapter 1.
FASHION
"SPORT LINE"

30.

ジム通いにはシックなスポーティスタイルを

ウォーキングやジムの行き帰りには、風を通さず、汗に強い素材が快適。セーラーカラーが大人のエレガントを表現。ボンディングのプルオーバーとネイビーのパンツは裏がメッシュ。

31.

ゆったりした
ニット×パンツで
大人エレガント

アクリル×ウールのカジュアルな素材ながら、ゆったりしたシルエットと胸元からウエストにかけての切り替えがエレガント。機能的なストレッチパンツとあわせて、スタイリッシュに。

アバンギャルドにダブルジャケットをラフに羽織る

裏地がカモフラージュ柄のダブルジャケット。肩がこらない軽さと防寒性、撥水性を持ち合わせており、ボタンを開け、スニーカーをあわせ、カジュアルに羽織って出かけたい。

33.

雨の日も気分が上がる、ウインドブレーカー

小雨のウォーキングや寒い日のジョギングなどに便利なポリエステル100％のウィンドブレーカー＋パンツ。クールなネイビーカラーは、日常的なカジュアルウエアとして大活躍しそう。

34.

ブルゾンを ポロ×ソックスで トラッドに

意外とむずかしいブルゾンの着こなし。ボタンとジップがアクセントのシンプルなブルゾンは、あえてタイトスカートと組み合わせて。白いポロシャツとソックスが清潔感をアップします。

35.

36.

順子スタイル＝着くずしです！ 大人の遊び心で大胆にかわいく。

「私は美人じゃないから〝普通〟が似合わないの」と、コーディネートは、必ずどこかを着くずし、変化球を加える順子スタイル。その発想は〝普通〟を上回る、ハイセンス、格好よさ。服に縛られず、自由な発想を加える着こなしを参考に！

コートとボトム。絶妙なさじ加減で。

コートが素敵に見えるか、見えないかは、ボトムの見え具合によるバランスが決め手。「コートにあうスカートがなかった」と、首に巻いていたスカーフを腰に巻き、スカート代わりに。素材はパシュミナより高級で繊細なシャトゥーシュ。ムートンとパラブーツのボリューム感の間で、シャトゥーシュの繊細さが際立つ。

スカーフをスカートに

Chapter 1.
FASHION
"KIKUZUSHI"

37.

かっちり
スーツこそ、
華やかに。

ジャケットスタイルを楽しむとき、胸元からのぞかせるインナーが悩みどころ。ブラウスやシャツという概念を外し、お気に入りのジュンコシマダのスカーフを、首から垂らし、パンツにイン。そんな風に臨機応変なブラウスマジックをさらりと思いつくのも順子流。スタンダードなジャケットに、一瞬で華やかさをプラスできる。

お気に入りの刺繍だから、素敵に見せたい。

ジュンコシマダのコットン素材のカーディガン。背面に施したお気に入りの刺繍を「素敵だから前から見えた方がいいじゃない」と後ろ前に着た順子さん。実はこの方法、日常的なことだとか。たとえばVネックの襟元が開きすぎたセーターなども、躊躇なく前後逆に。そうすることでコーディネートのバリエーションが広がっていく。

カーディガンを前後逆に

39.

決まった シルエットに 縛られずに。

膝丈のビッグシルエットのセーター。ウエストをベルトでマークする着こなしが好きという順子さんは「硬い素材でなければ、ワンピースでも、セーターでも躊躇なくインします」。年齢を重ねるとともに、インするのが苦手になるけれど。「インしたフロント部分を指で少し引き出すの。そうすれば、お腹の膨らみは目立たなくなります」

ビッグセーターを パンツにイン!

40.

勝手にリバーシブル

裏地のほうが相性のいい色だったから。

一見、パイピング風に見える縁の焦げ茶色が実は本来の表地というコーティングしたコットン地のスカート。焦げ茶ではフィッシャーマンセーターの茶色に対して強すぎると、順子さんは勝手にリバーシブルにして着てみた。(本来、リバーシブル仕様ではない)。ウエスタンブーツともバランスよく、こんな風にストンとまとまった。

41.

襟元を広げ、体になじませて着こなす。

「襟が詰まっているのがイヤなの」と、ボートネックの襟元を一生懸命に引っ張って広げた順子さん。その結果、ちょっぴり肩が落ちたオフショルダーで、よりリゾートらしい着こなしに。

「あまり強く引っ張って、洋服を破かないでね。でも服は多少手を加えて自分の体になじませないと、個性がなくなってしまうのよ」と、アドバイス。

SHIMADA JUNKO
STYLE

Chapter 2

ence

ブーロンマーロットの邸宅、
モンマルトルのアパートメント、
そして東京の住処。
3つの家を暮らし分けて。

「家は生き物と同じ。
常に手をかけなければ
ならないの。でも、
その楽しみは格別よ」

Resid

Chapter 2.
RESIDENCE
"BOURRON-MARLOTTE"

① フランス王族の狩猟場だった緑豊かな森を抜けると、ブーロンマーロット村が姿を見せる。

② およそ800年の歴史を持つ世界遺産、フォンテーヌブロー城まで村から9キロ。

③ 人口は約2700人の小さな村。静かな暮らしを求めて、パリから移住する人も多い。

パリから車で1時間。週末は必ずこちらへ、デザイン画を描くのもこちらのほうが多いの。

パリから南に約70キロ離れたブーロンマーロット村。ここにある田舎の家に、週末前夜、車を飛ばして戻ってくるのよ。パリの家は仕事場が近くて落ち着かないし、騒音もある。アイディアを練ったり、デザイン画を描いたりするのは、田舎のほうが多いわね。週末の朝はマルシェで新鮮な食材を買って、午後はゴルフの練習。夜は近所の友人を呼んだり、呼ばれたり。一人で音楽を聴きながら過ごすのも楽しいわ。

田舎に来ると心からくつろげます。夕日や緑を眺めながら食事をすると、とてもおいしいの。自然はお金では買えないぜいたくなもの、と実感します。家族や友人が来ると賑やかで、家で食事をするのがますます楽しい。最近、孫(今ちゃん)に「卵は黄色だから、お皿は青がいいわよ」と食器選びを教えています。彼女が大きくなって、そんなことを思い出してくれるといいわね。

Marlotte
ブーロンマーロット

ようこそ我が家へ。お客様を迎えるのは大好き。朝早くから準備します。

春になるとホームパーティが増えます。庭の花が綺麗な4、5月はベストシーズン。外でアペリティフをするのに最高ね。田舎の友達とは交代で家に招待しあいます。レストランより落ち着いて過ごせるから、招くのも招かれるのも好き。おもてなしで一番気をつけていること？　素材選びね。お客さまのためにおいしいものを集めよう、とあちこち駆けまわる。パリでも用意しますし、フォンテーヌブローのマルシェ、小さな魚屋さんやチーズ屋さん、村のはずれの野菜の直売店。口コミで「おいしい」と聞いたらどこにでも行くわよ。大量生産の食材は買いません。日の光を浴びて大きくなったもののほうが、絶対においしいから。

「豆むきを庭でするのが幸せ」。愛犬バンブーも好物のグリーンピースをもらって幸せそう。

Bourron

Fleurs

花や木が綺麗だと幸せ。自分が植えた花が育つとほんとうに嬉しいわ。

2

1

4

3

① 真っ盛りのボタンをカゴに。「植木市で試しに買った苗が、毎年綺麗に咲いてくれるのよ」

② 両手いっぱい、花を収穫。「白い花を主役にしましょう。すずらんも可愛く咲いてるわね」

③ 愛らしい白い花が満開。小さな枝を植えたら、こんなに大きな木に育ってくれました。

④ 「野の花は色も香りも売っているものとは全然違うの」。庭にはまさに花が咲き乱れています。

① 庭を屋内に再現するイメージで、花を活ける。花瓶に「大胆に投げ込む」のがコツ。

② 食卓の花はピンクのボタンでまとめ、やさしい印象に。すずらんの愛らしい花束を添えて。

③ キジがモチーフの青い皿は、イギリスで見つけた「ロイヤルクラウンダービー」。

Art de la table

今日はお花でお迎え。
メインがお魚だから、
お皿はブルーにしようかしら。

④ テーブルセッティングが完成！「10人座れるよう、急遽大きな天板をオーダーしたのよ」

⑤ クリスタルの燭台に蝋燭をセット。キャンドルはクラシックな白を用います。

① 桃と苺をミキサーにかけ、レモンの皮とシャンパンを加えたシロップに苺をつけて。

② 各サイズ揃えるモヴィエルのフライパン。「金だわしで何回洗っても平気な丈夫さが好き」

③ オリーブオイル、コショウ、レモンで生ホタテをマリネ。「貝に塩分があるから塩はなし」

④ 甘いものは苦手。砂糖を加えなくても十分おいしい、旬の果物でデザートを作ります。

⑤ 襟ぐりを切ってネックライン開けたニット、自作の花をつけたスカートをホームウェアに。

Plats

暑くなりそうだから さっぱりメニューに。 庭のハーブも活躍。

⑥ レンズ豆、ナーモン、ホタテのカルパッチョとバジルの前菜。ガラスの器で涼しげに。

⑦ ゴルフ仲間を８人招いたディナーは大成功。全員ハッピーで深夜まで盛り上がりました！

① シャンデリアとキャンドルに明かりを灯して準備万端。さあ、ディナーが始まります！

② 生ハムとサラミの盛り合わせ、ラディッシュ、小エビにチップスをおつまみにアペリティフ。

③ メインは新玉ねぎ、エシャロット、トマト、ハーブと一緒にじっくり煮込んだアンコウ。

④ 庭のバラを一枝テーブルに。「バラが大好き。この家に引っ越してきて、すぐに植えました」

⑤ フランスでは定番のおつまみ、ラディッシュ。飾りナイフを入れて美しく仕上げました。

Dîner

ゴルフの仲間を招いて賑やかなディナー。深夜まで盛り上がりました。

salle de séjour

居心地の良いリビング。
一人でも大勢でも、楽しい場所。

Bourron-Marlotte
ブーロンマーロット

51.

友人アーティストの作品や、海外から抱えてきたオブジェ…。思い入れが深いものばかり。

好きなものでいっぱいの家。暮らしを楽しくしてくれるものがだんだん増えました。

娘が乗馬をはじめたのをきっかけに、馬場の多いフォンテーヌブロー周辺に家を探して、この家に出会いました。作曲家のジュール・マスネが昔の持ち主。18世紀の建築で、引っ越してきた当時は汚い家だったわ。小さな部屋がたくさんあって、壁を壊したり、納屋を壊してキッチンを作ったりと大工事をしたの。

家にあるのは好きなものだけ。暮らしを楽しくしてくれそうなオブジェや家具が自然と寄ってきて、時とともに増えました。動物モチーフが多いのはパリと東京の家との共通点。訪れる人は皆、この家がいいと言ってくれる。時間を重ねて作った空間をほめていただくと、とっても嬉しいのよ。

52.

cheminée

暖炉の前で一人、
刺繍をして過ごすのが好き。
友達が来ると、
ここで夜語りをするのよ。

① 引っ越してきた時からあった18世紀の陶磁器製の暖炉。中央の絵は友人の画家の作品。

② クリスタルの燭台のコレクション。「光が当たるとプリズムが起こって、綺麗なのよ」

③ グランドピアノの上の大皿に、チューリップを活けて。壁にはケニアの水牛の写真が。

④ トナカイのツノを使ったコンソールは「オークションで誰も買わず、一発で落札したの」。

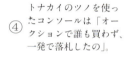

53.

mur

フランスで、日本で、外国で。一目惚れして、大事に持って帰ってきました。

① シカの剥製はオークションで購入。下のテーブルには小さな動物のオブジェがいっぱい。

② ビアリッツの古物市で買った絵、阿蘇の山中の食堂で見つけた竹細工の牛をコーナーに。

③ 入口にデザイン家具をさりげなく置く。サボテンのコートハンガーはパリの家に色違いが。

③ キッチンは島田さんが設計。プロも愛用する「ラ コルヌ」のオーブン調理台を選びました。

④ ニンニク形の鍋はルクルーゼ。「蓋が重いからジャガイモや煮物がおいしく仕上がります。

cuisine

納屋を壊して作ったキッチンはわたしが設計。使い勝手がいいのよ

① 蚤の市で大昔買った、おもちゃのキッチン台。炭を入れれば調理もできるそうです！

② レードルや泡だて器などは、すぐ使えるようアイスバスケットに無造作にさして。

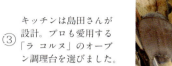

salle à manger

食器やグラス、花瓶に燭台。
おもてなしの立役者はこの部屋に。

① ポルトガルで買った鯉のお皿。「旅に出ると何かないかな、と探しながら歩きます」

② とにかくいっぱい入る樫の木の食器棚。「樫は好きな素材。強そうな感じがするでしょ」

③ 庭のボタンとバラを食卓に。キャンドルは白が好き。蝋が落ちない良質なものを選びます。

④ いつのまにか増えてしまったガラスの器や花瓶。花にあわせてその都度選び、使います。

⑤ 庭の白い花の枝を食堂に。「鏡の前に花瓶を置くと、花がたくさんある効果があるのよ」

1

① 10年通う本屋さんでこれいいわ！とつい買ってしまう、アートブック。壁一面の本棚に。

② 鯉のお皿はポルトガルのモッタヘッデ社のもの。鳥や花がついた愛らしい燭台と並べて。

③ 写真集を眺めていると時間が経つのを忘れてしまう。ひとりのときの楽しみのひとつ。

④ 中国のタンスは昔よく通った、サンジェルマンのアンティーク店で。同じ店で長椅子も購入。

bibliothèque

アートブックは行きつけの本屋さんで。わたし好みの新書をとっておいてくれるの。

4

3

2

① サイズを測って職人へ注文した鋼のベッド。オーガンジーの布をふわりとかけました。

② テディベアに目がなくて、つい買ってしまう。「パリにも日本の家にもたくさんあるのよ」

③ 写真や鏡を並べたベッドサイドのコーナー。コロニアル風にラタンの家具を選びました。

④ 海のそばで育った島田さんはヨットが大好き。模型を眺めては、海に行った気分に浸ります。

Chambre

コロニアル風に仕上げた寝室。ベッドは工夫をして作りました。

1

Chambres d'amis

たくさんの友人が遊びに来るわ。泊まっていくことも多いのよ。

① 屋根裏部屋をゲストルームに改装。「今日子の小さい頃のおもちゃを置いています」

② 貝やカモメのオブジェを棚にディスプレイ。バケーションハウスのような趣です。

③「オレンジの服の人形は、小さい頃に可愛がっていたの。母がパリへ送ってくれました」

④ 夏至の日はフランスの音楽祭。演奏会とパーティを開いたとき、数が必要で揃えた椅子。

4

3

2

⑤ 中２階にあるもうひとつのゲストルーム。白い蚊帳をふたつ、天蓋風に吊るしました。

⑥ 家族連れなど人がたくさん泊まったときに順番待ちしないよう、洗面台を２つ設置。

⑦ モロッコの街頭で買ったブリキ製のカマキリ。本物かと思ってしまうほど、よい出来です。

Jardin

素朴で野性的な庭が好き。のびのびと育った草木に命の美しさを感じます。

② 引っ越してすぐに植えた母屋横のバラ。２階まで枝を伸ばし、毎年見事に咲き誇ります。

① こちらの母屋の他に、離れもあり、娘さん親子が泊まるときに使っている。

Chapter 2.
RESIDENCE
"MONTMARTRE"

ダイニングスペースのシャンデリアは１点モノ。
「ゆらすとキラキラして綺麗なのよ」

rtre

古いシャンデリアのパーツを用いた明かりは、友人の娘さんであるアーティストの作品。

ガラス棚に並ぶアンティークのクリスタル。どんなに高価な品でも、日常的に使います。

パリに来て はじめて買った アパルトマン。 今は娘と2世帯住宅に。

パリで最初に就職した会社はモンマルトルにありました。毎日が学びの連続で、夢中で仕事に打ち込み、通勤時間も惜しくて近くに引っ越したの。もう48年前のことね。このアパルトマンを見つけたのは1975年。荒れ果てた住居でしたが「工事をすれば素敵になる」とイメージが湧き、購入を即決。20年前に上階を買い足し、らせん階段をつけてメゾネット式に。現在は2階に娘一家が住んでいます。わたしはブーロンマーロットの家で過ごすほうが多くなったけど、この住まいに思い入れが強いことは変わらないの。ものの価値には関係なく、好きなオブジェを自由に置き、楽しい空間を作り続けています。

ゴム製のゾウ、街で見つけたワニ、デザイン家具、ポップアートの巨匠の作品をミックス。

Montma

モンマルトル

SHIMADA JUNKO STYLE

Salon

もとは小さな部屋が4つあったのよ。外せる壁はすべて取り払いました。

1

2

③ 優雅ならせん階段は島田さんが図面を描きオーダー。すっくと咲いた菖蒲は田舎の庭から。

② パトリック・コールフィールドのリトグラフは。有名になる前にロンドンで買いました。

① 2面から光が入る明るいリビング。こちらも世界中で集めたオブジェが楽しげに並びます。

Montmartre
モンマルトル
3

1

①長年愛用する香水はゲランの「ミツコ」、「シャリマール」、ジャン・パトゥの「ジョイ」。

②右はバリ島から持ち帰ったバスケット。中央はフランス製で、携帯用のコップです。

2

Salle de bains

お風呂が大好き。朝と夜の2回、必ずお湯に浸かります。

4

3

③田舎のフリーマーケットで買った古い銅のシンクを洗面所につけました。鏡も古いもの。

④デッドスペースに大理石の棚をつけ、シャンパンクーラーや大きなガラス瓶を収納。

⑤バリ島から持ち帰った大きなサンゴ。「お風呂に浸かりながら旅の思い出に浸るのよ」

5

① 孫の今ちゃんが描いた火山の爆発。「ダイナミックでしょう。Tシャツにしようかと」

② 「昔買ったこのデスク、実は希少品だったのよ」とデザイン家具の本から名前を捜索。

③ ル・コルビジェの長椅子と、仏彫刻家のカルカが35卓のみ作った傑作机「ブーメラン」。

④ パリにもアートブックがたくさん。仕事の資料ではなく、好きで買ってしまうそうです。

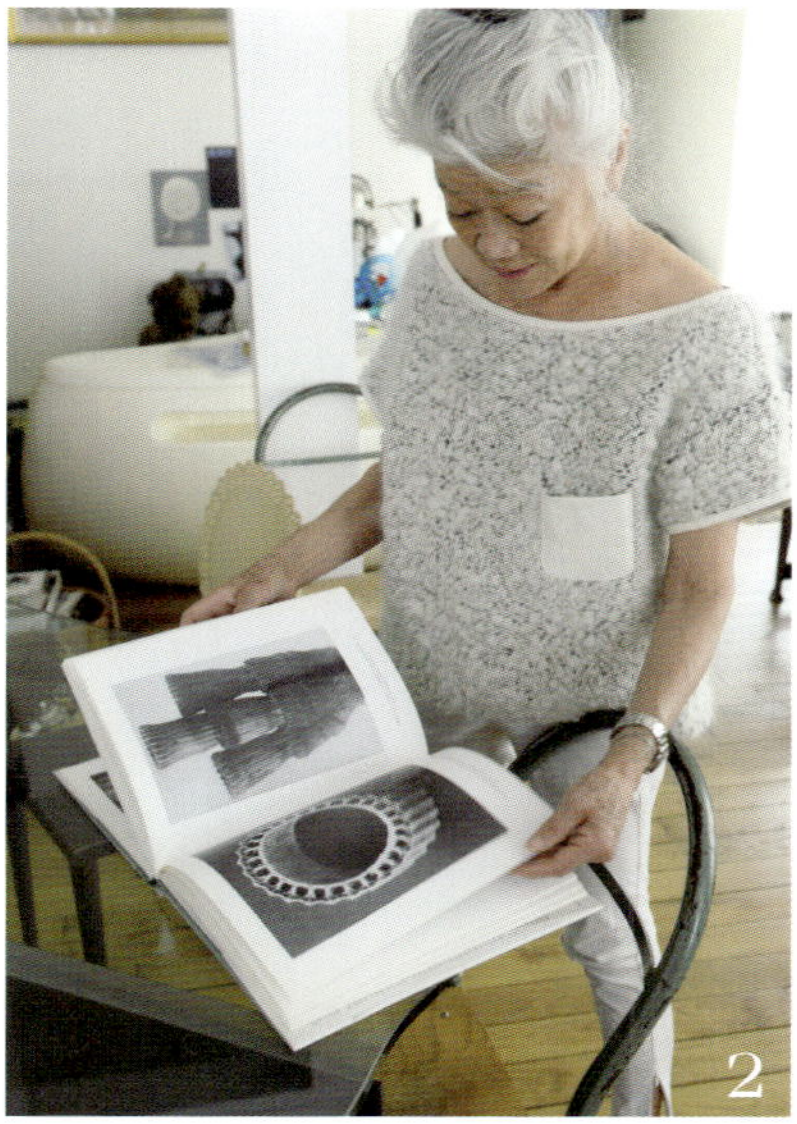
2

1

4

3

Bureau

ポンピドゥ大統領も愛用した名作家具を、パリの家のデスクに。

préférés

あそこに置くといいかな?と
直感で買います。
ぴったりおさまるから不思議。

③ 繊細な仕上げが好みでいっぱい持っている、ハンガリーのヘレンド社のティーセット。

④ たくさん並べて置くと可愛い、色鮮やかなガラスのペーパーウェイトをデスクの上に。

① シュタイフのテディベアの膝の上に、お孫さんのお気に入りの、恐竜のぬいぐるみが。

② マイセンのお皿にサラミを盛ってアペリティフ。「レース仕上げの美しさに惹かれます」

⑨ 愛猫のアントワネットは食いしん坊で甘えん坊。２匹の愛犬とも仲良しです。

⑩ 缶の中にガラスの魚が入っているオブジェは友人のアーティストMARCOVILLEの作品。

⑦ 花を活けるガラス瓶は２個ずつ購入。「猫が飛び乗って割ってしまうこともあるのよね」

⑧ いまちゃんのパナマ帽をドイツシェパードのバンブーにかぶせました。よく似合ってる！

⑤ 銀やガラスの燭台。一人のディナーでも、音楽とキャンドルの火で、雰囲気作りをします。

⑥ カバー内部がフェルト貼りで、保温効果大のティーポット。人数により大きさを使い分け。

日本に帰ってきたときには、東京・三番町のマンションが拠点です。

この土地は元々夫の家が建っていた場所、その土地に建ったマンションが現在の我が家です。ですから基本的な内装は私が考えましたが、家具やグラスなど、彼の趣味で揃えたものがたくさんあります。

英国調の丸テーブルや赤いチェアは彼の好きなものです。大好きなイームズのラウンジチェアをはじめ、私がパリから運んだ家具やオブジェがどんどん増えていますが、今では仲良く馴染んだ部屋になっています。

遊びに来た友人たちには、私がしょっちゅうインテリアをいじるせいか「パリの家と同じ空気が流れている」と言われます。そして気づくと動物のオブジェが増えているの。マントルピースの上に並べた、あちこちで集めた動物たち。このレザーのサイは大昔にロンドンで見つけて、ブーロンマーロットと東京に一頭ずつ置いています。

東京ではスケジュールをかなり詰めて仕事をするから、この部屋は何より寛げることが大切なんです。外から家に帰ったら、ゆったりとラウンジチェアに座り、ニュースを見ています。浦島太郎にならないようにね。

最上階の部屋だから、
空がとても大きいの。
春にはテラスから、
お花見もできるんです。

Tokyo
東京

69.

暖炉左の英国調のテーブルや赤いひ
とり掛け椅子は夫が選んだものです。

マンションの最上階だけあって、光は十分に入る部屋。皇居が近いせいか遮る高い建物がなくて、空が大きいでしょう。寛げる家とは、部屋の中から自然が見えることだと思うんです。時差で4時とか5時に目が覚めちゃうと、それはそれはきれいな朝焼けが拝めるんです。夜は皇居の向こうにビル群の灯りが見えて、その上にひょっこり月が顔を出したり、春は千鳥ヶ淵の桜を上から眺められるのよ。そう考えると、ここはとても贅沢な部屋なのよね。

夜は友だちやスタッフが集まり、手料理を振る舞う機会も多いので、キッチンは機能的にあまり物を置かずに。そのかわり、食器棚には大好きなガラスの器がいっぱい。それとどの家にいても花は飾ります。夫とふたりで集めた船の模型や、我が家にある椅子のミニチュアなど、ちょっぴり子供っぽいものもあるけれど、それもまた私の家らしいかと。

① エッフェル塔が脚のテーブルは友人の家具デザイナー作。キッチンはなるべく物を置かず。

② ウッドデッキを置いたテラス。都心ながら、眼下には緑や自然がいっぱいという絶景です。

③ ジュンコシマダのパイソンレザーを身につけたシュタイフベア。島田さんのコレクション。

④ イームズのラウンジチェア。壁の絵は船舶関係の仕事をしていた夫のコレクション。

4

6

7

5

⑤ 私が見つけて夫にプレゼントして以来、ふたりが世界中で集めた、ミニチュアの船の模型。

⑥ アンティークショップで買ったグラス。虫や鳥のモチーフなど、12個すべて柄が違います。

⑦ 3軒の家で所有する椅子を中心にミニチュアを集めました。眺めているだけで楽しいです。

SHIMADA JUNKO
STYLE

Chapter 3

history

鮮烈なパリコレデビュー。
日本のおしゃれ心を虜にして、
35周年を迎えました。

「服を作るのも、
ショーの構成を考えるのも、
本当に楽しくて夢中だった。
今もまったく同じ気持ちよ」

Brand

1981年、パリコレクションデビュー。”ジュンコ・シマダ“の歴史は、ここから始まりました。

ヌーヴェルヴァーグ映画に憧れてパリに渡った順子さんは、1981年に〝ジュンコ・シマダ〟でパリコレクションにデビューしました。全く無名の新人だったにもかかわらず、結果は大成功。パリの二大デパートの一つ、オー・プランタンが一度に400着のオーダーをつけるほど話題に。フランスのファッション雑誌にも掲載され、順子さんは輝かしい第一歩を踏み出しました。

「でもね、本当は自分のコレクションをやる気持ちは全然なかったの。独立したときは、とにかく大量に服を作りたかったんです。当時の若者の憧れだったリーバイス社のようなところで、糸やステッチ、色出しを研究して定番のデニムを作るとか。そういうたくさんの人に愛されるものを作るのって、すごくエキサイトしません？（笑）生産の仕組みをしっかり構築すれば、誰もが長く着られる素敵な服を作ることができる、という想像が頭の中にずっとありました。本音はそういう企業デザイナーになりたかったんです」

順子さんが、アパレル会社ルシアン野村の野村直晴社長からの「うちでブランドをやらないか」という熱心な誘いに乗ったのは、その想像が実現できると思ったのと、野村社長との信頼関係があったからでした。

「本当は自分のブランドをやる気は全然なくて……。素敵な服を大量に作る企業デザイナーになりたかった」

ファーストコレクションはすべてシャツ地。味方してくれた人への義侠心でやり切った。

パリのアトリエの住所から命名された49AV. JUNKO SHIMADA。デビューコレクションでは、イタリア製のメンズのシャツ地を使ったアイテムを発表しました。

「今も変わりませんが、私はメンズシャツがとても好き。だからファーストコレクションもすべてストライプのシャツ生地で作りました。ロングワンピース、乗馬ジャケット、トレンチコート……。全部シャツ地。予算がなかったこともあって、それだけに絞ってまとめました」

パリコレから2か月後、今度は東京のアクシスギャラリーでショーをすることになりました。その時期は会社が契約していた別のデザイナーにも人員や予算が必要な状況、順子さんは自由のきかない環境の中で準備を進めなければなりませんでしたが、野村社長はいつも積極的に味方

をしてくれました。想像していた、素敵な服を大量に作ることとはかけ離れていましたが、悔しさと義侠心とでとにかく無我夢中。逆境をはねのけてのショーでした。

「私は自分を典型的な日本人だと思っているの。お金で割り切った仕事をするよりも、人と強い信頼があってそれに応えたいからいいものを作ろうとする、浪花節タイプ。その時も、予算はないのにパリや東京の仲間が応援に来てくれたり、生地屋さんがサポートしてくれたり。彼らがいなかったらとてもできませんでした。恩に報いたいといつも思っているけれど、服を作っている時は集中しているから、ついワガママを言ってしまう（笑）」

　シャツ地のコレクションは、会社の役員には酷評されたけれど、伊勢丹がバイイングしてくれたことで評価は覆りました。ここから49AV.JUNKO SHIMADAの快進撃が始まり、島田順子の名前が広く知られるようになったのです。

　あれから35年。パリで毎シーズン、作品を発表し続けてきた順子さん。けれど、一度もコレクションに満足したことはないと言います。

「憧れてパリに来たから、ここで学びたいという素直な気持ちを持ち続けています。自分ももっと良いものを作れると信じているのよ」

1982年秋冬コレクションから。白×黒のブロックチェックのセットアップに同色のチェックシャツをレイヤード。今見ても新鮮。1982 クロワッサン　No.116 写真・柴田博司

1982
anan No.351

写真・大西公平　スタイリスト・貝島はるみ

1983
anan No.397

写真・小松勇二

ファッション誌のページを飾り、時代を引っ張り続けた、ジュンコシマダの服。

80年代、パリから発信されるジュンコシマダの服は、多くのファッション誌を飾っていました。

「多くの日本人がパリコレに進出しましたが〝刺し子〟や〝ZEN〟といった、日本らしさを哲学的な側面からデザインに反映させたものが多かった気がします。私はといえば、自分が好きなものしか作っていませんでした。だから基本はトラッドです。その中に、当時の自分が好きだったもの、世の中の流れから感じ取ったものを反映させていました」

当時のアンアンの誌面では、82〜84年に専属モデルとして活躍していた甲田益也子さんがジュンコシマダの服を身につけてたびたび登場。多くの読者の共感を得ていました。

写真・袋谷幸義　スタイリスト・渡辺洋子

ドットや縄編み、トラッドベースは変わらず。

時代がバブル期に突入し、日本ではDCブランド、また多くのデザイナーがパリに憧れる中、パリ発のジュンコシマダは独自の路線を貫き、それが日本女性たちの憧れでした。「どんな時代も私のベースはトラッドだから、ドット柄や縄編み模様は大好きなモチーフとして頻繁にコレクションに登場していたと思います。82年のコレクションはすべてシャツの生地、ポプリンなどを使ったんです。この時代にはマリンルックの影響も受けていますね」

当時、コレクションはパリと東京と2カ所で行っていました。

「パリはデザイナーからのメッセージを重視しますが、東京はやはり商業目線が強い市場だと感じました」

1982
anan No.332

1985
ELLE JAPON
No.36

1987
anan No.596

1985
anan No.490

1988
ELLE JAPON
No.113

1989
GINZA No.15

1989
Hanako No.51

1989
anan No.667

時代の雰囲気やフェノメンがデザインに影響

「80年代の終わりからは、プライベートで恋愛の真っ最中だったから、無理にとんがらなくていいと、デザインがやさしかったかもしれない」とは島田さんらしい答え。掃除婦から発想を得たという、頭にスカーフを巻いたり、キャットウォークを歩くモデルに洗剤を持たせ、話題となったコレクションから、夏の素材として大好きなピケを使ったコレクション。さらにポップアートの全盛と重なり、花柄やカラフルなモチーフを多用したコレクションまで。

「ファッションは時代の流れに沿って動くものだから、〇年代だからこうというより、時代の雰囲気やフェノメンで頭の中が変わり、デザインをし、服を作っていた気がします」

1990
anan No.750

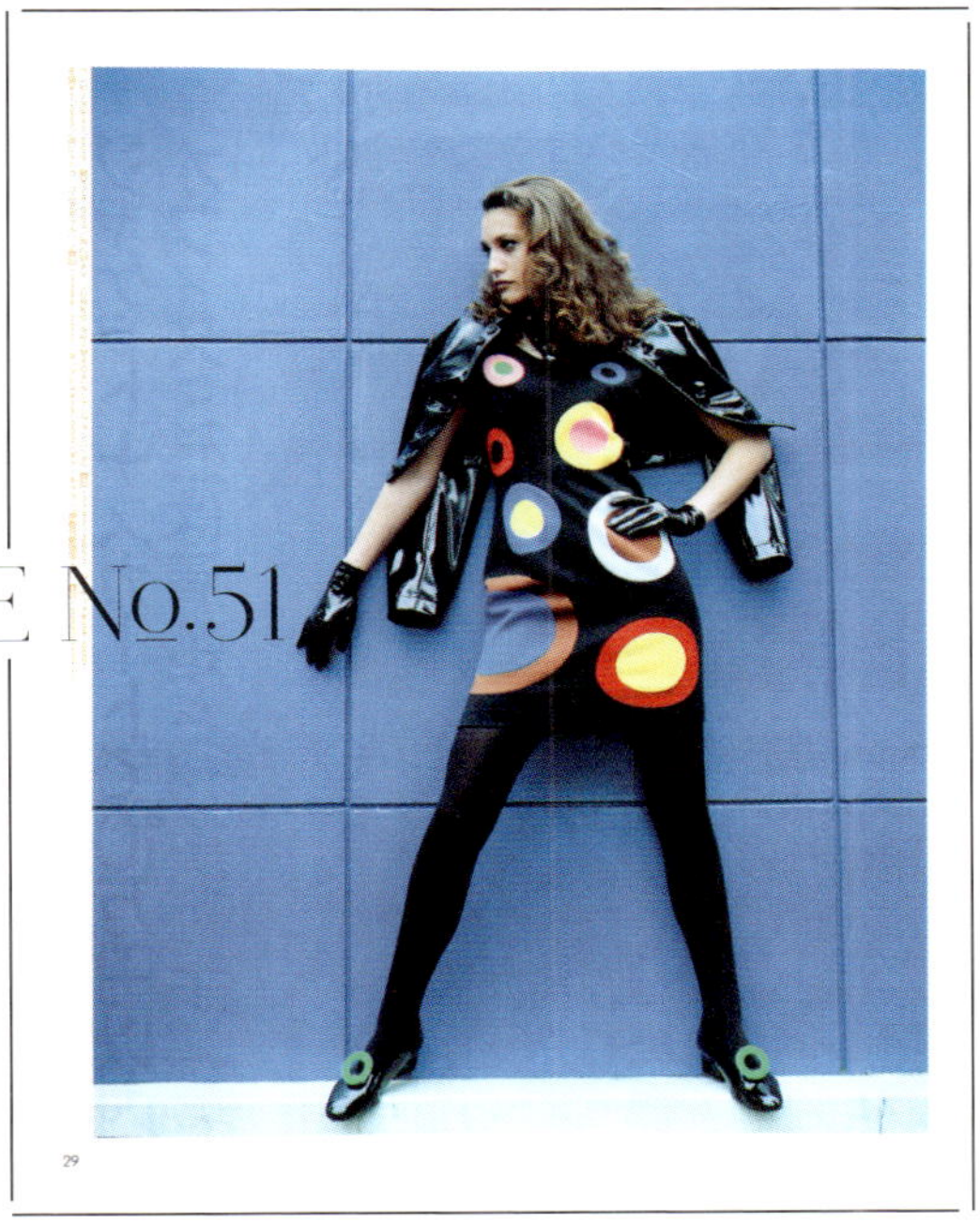

1991
CLiQUE No.51

1999
GINZA No.22

The 35th AW JUNKO SHIMADA

コレクションのため事前に映像を作り、それを上映するシネマクラブをイメージした会場。28体のマネキンに履かせた靴はすべてダンスシューズ。

35年目の秋冬コレクションテーマは、"シネクラブ"

現在、順子さんのアトリエは少数精鋭主義。メンバーは順子さんを含めて6名です。

「コレクション間際には、カットする人、縫う人など、臨時の方がお手伝いに来てくださるけど、基本は6人。だから大変よ。サンドイッチやお弁当を食べながらずっと徹夜して、まるで文化祭前の学生状態です」

2017AWに用意したのは28ルック。それをすべてマネキンに着せて会場に並べたのです。

「着せ方が少し違うだけで、服の雰囲気まで変わってしまうから、何度も着せ直して。着せてから違うと思った服は、すぐにアトリエで縫ってもらったり。ギリギリまでこだわって作り出したコレクションです」

会場中央にレッドカーペットを敷き、その両脇にマネキンが並んでいます。一体、一体、服を着せ、小物を合わせて調整します。

スコットランドをイメージした、タータンチェックを多用したコレクション。会場はルーブル美術館に近い、ドームの天井が美しい建物でした。

「ここにレッドカーペットを敷くのよ」と、順子さん。カーペットの先には、イメージビデオを上映する巨大なスクリーン。

SHIMADA JUNKO
STYLE

Chapter

4

al story

かけがえのない存在の娘、
そして今は亡き、父と夫。
思いを込めて語る、
パーソナルストーリー。

「シングルマザーとしては、
頑張ったと思うわ。
夫も父も常に私の味方で
それがうれしかった」

Persona

Chapter 4.
"PERSONAL STORY"

娘、今日子さんのこと

mon fille

パリで仕事と子育てを両立させるのは本当に大変でした。ランウェイショーで大泣きする娘を抱いて挨拶したことも。

一人娘の今日子さんは、順子さんにとってかけがえのない存在。順子さんが27歳の時に出会った5歳年下の恋人が、今日子さんの父親です。デザイナー集団MAFIAを辞めて、恋人と二人で中東やアジアの気ままな旅へ出ますが、パリに戻ってきた時に妊娠していることが分かりました。産むことに躊躇はありませんでしたが、その恋人とは結局結婚しないまま、今日子さんが生まれて1年後に別れてしまいました。

「子どもが生まれたら、日本の名前をつけたかったの。今日を生きる、今が大事というような意味がいいなと思って名付けました。あるお坊さんに『今日子っていうのは強い名前だね』と言われましたが、本当にその通りになっちゃった（笑）」

ある時、父の日のプレゼントを渡す人がいなくて困惑していた娘に、ママの男性のお友達みんながパパだから今日子のパパはたくさんいるのよ、と言うと、じゃあプレゼントをもっと作らなきゃと、明るい答えが返ってきました。とてもいい子だっただけに、逆に不憫だと思う気持ちが強く、コンプレックスを感じた順子さんは、娘にたくさんの愛を注ぎました。女の子にはとにかく愛情だと信じて。

パリで仕事をしながら子育てをするのは本当に大変なこと。常時ベビーシッターを雇えるわけではなく、ランウェイショーで大泣きする今日子さんを抱きかかえて挨拶したことも。娘のために、男親のような人がいたほうがいいのかもと、恋人を作ったこともありました。シングルマザーはつらいこともたくさんありましたが、仕事から疲れて帰ってきて、今日子さんの小さい手を握っているだけで救われたと言います。

「仕事場にもよく連れて行きました。私が作業をしている時、今日子は生地やパーツがたくさん置いてある棚の端で、私の真似をしてデザイン画を描いたり、ボタンを重ねてブレスレットにしたりして悪戯していました（笑）。最近、その時の絵が出てきたんですよ。それがとっても可愛いデザイン画で、ネックレスが首の周りをぐるっと回っていたり、楽譜のプリントが入っていたり。今見ても新鮮で、面白い服なんです」

今日子さんが5歳のとき。性格は似ていないと順子さんは言いますが、周囲からはそっくりという意見が多数。1982 クロワッサン No.116 写真・柴田博司

父親と引き離してしまったというコンプレックスもあって、すごく甘やかしたと順子さん。

デザイナーの母の姿を傍で見ていた今日子さんは、やはりファッションが大好きになって、母と同じ仕事を選びます。でも順子さんは、この仕事の過酷さを知っているだけに、最初は心から賛成できませんでした。A型の几帳面な性格で数学の成績がいいから、建築関係の仕事に就くのはどうだろうと勧めたにもかかわらず、今日子さんはデザイナーの道へ。きっと今日子さんにとっては、順子さんが憧れの女性だったのでしょう。身近だったファッションの仕事を志すのは、ごく自然なことでした。

今日子さんは現在、パリで乗馬をテーマにしたブランド『ラヴァリエール』を手掛けています。子どもの頃から親しんでいた乗馬とファッション、2つを結びつけた仕事です。そして母親として6歳の娘を育てています。名前は、今ちゃん。娘に続いて、順子さんの孫の名前も日本語です。

「娘には日本の血が入っているということを忘れないでいてほしかったのね。日本の素晴らしさに触れさせようと、日本からベビーシッターを連れていって、日本語や文化を教えるようにしていました。だから彼女は日本語を話せます。パリの幼稚園が長い休みに入るたびに、娘を連れて帰国して、館山に滞在していました。そこで、日本の文化の中で生活できるように、地元の幼稚園とか学校に通わせていました。彼女は私の両親とも日本語で会話していましたよ」

七五三、桃の節句と、今日子さんのお祝い事は全部日本式。親からしてもらったことや自分がしてきたことを、娘にもしてあげたいと思う順子さん。仕事の先輩として、母親として、自分の両親と同じように、これからも娘を愛し、応援していくことでしょう。

娘には日本を忘れないでいてほしかった。だから夏は館山に滞在し、女の子のお祝い事は日本の伝統的な形式で。

5月しか休みが取れない。
それが彼のプロポーズ。
気ままな独身男性が
結婚しようだなんて。
愛の証と感動しました。

"PERSONAL STORY"

夫、三六郎さんのこと

mon mari

パリで精力的に仕事をし、夢中で子育てをしていた順子さんは、1985年、47歳の時に結婚しました。夫となった人は当時海運会社に勤めていた、45歳の山地三六郎さん。二人とも40代になってからの遅い結婚でした。出会いは順子さんが東京滞在中に、友達に誘われて出掛けたパーティ。実を言うとそれは三六郎さんのバースデイパーティでした。知らない男性のお祝いなんてあまり気が進まないながら、誘われるまま会場のレストランへ。そこでお互い何か感じるものがあって、その後二人きりで会うようになったのです。

順子さんはパリ、三六郎さんは日本という、スカイプもない時代の遠距離恋愛。趣味も価値観も違う。ただ、お互いをまだそれほど知らないにもかかわらず、一緒にいるとなぜか居心地がいい。安らぐ気持ちに驚きながら、「初めて現実的な恋をした」と悟った順子さん。恋する者の情熱で、できるだけ時間を作って、パリと東京を行ったり来たり。1年の3分の1を東京で過ごすようになりました。三六郎さんも休暇を利用してパリへ。東京で三六郎さんが広い家に移るのを機に、順子さんはホテル住まいをやめて、2人の住処を作ります。

傍に彼がいる心地良さがあれば、それでいい。今さら結婚なんてと、順子さんはどこかで思っていたのかもしれません。けれど三六郎さんと同じ時間を過ごすうち、何となく波長が合って、結婚という文字が近づいてくるように感じました。

「ある時、『僕はサラリーマンで、5月の連休しかパリへ行けないから5月に結婚しよう』と彼が言うんです。突然のプロポーズ。私、下を向いて笑みを浮かべてしまうくらい嬉しかった。40を過ぎて気ままな独身生活を謳歌している男性が、結婚を申し込むなんて。それはもう愛情の証だと、深く感じ入りました」

こうして二人は結婚。

ノートルダム寺院前に停泊した船上で結婚パーティ。二人は穏やかな幸せに包まれました。

二人の結婚披露パーティは、5月1日にパリのセーヌ川の船上で行われました。フランスではこの日はすずらん祭であり、愛の日と呼ばれていて、愛を誓う二人に相応しい日。ノートルダム寺院前に停泊するシャント・ヴァン号にはたくさんのすずらんの花が飾られ、友人知人が祝福に訪れました。夕暮れ時に寺院前を出てセーヌ川を遊覧。シャンパーニュで乾杯後、ピアノの生演奏が流れ、みんなでシャンソンを歌う。ロマンティックなパーティでした。

「結婚式は照れくさいから、親しい人だけのパーティでいいんじゃない？って。彼は何も言わずに任せてくれました。結婚指輪は友達のジャン・ディンヴァンのところで、控えめでいつもはめていられるのがいいなと選んだもの。今でもずっと着けています」

夫婦になってからも、恋愛時代と何も変わらない別居婚でした。森英恵さんに「ずっと一緒にいないとダメよ」と助言されたことも。確かに、離れていることでぶつかり合い、心のすれ違いも起こりましたが、それでもお互いのテリトリーを尊重しつつ一緒にいるのが、夫婦の自然な形でした。

三六郎さんは、今日子さんのことをすごく可愛がりました。自分の血を分けた子どもを持つことに抵

ディンヴァンで選んだ結婚指輪は、壊れても修理して、今も大切に身に着けています。
今日子さん、順子さん、三六郎さん。三六郎さんは突然できた娘を思いきり可愛がりました。

抗のあった三六郎さんですが、結婚したらかわいい娘ができた。そのことが相当に嬉しかったようです。

「すぐ自分の籍に入れていましたから。お友達には『離婚はあるかもしれないけれど、子どもとはないからね』と話していたそうです。凄い言葉ですよね」

今日子さんは、ママンが取られてしまうと最初は結婚に反対だったけれど、だんだんと三六郎さんを尊敬するようになり、とてもいい関係を築きました。パリと東京を行き来する別居婚は、三六郎さんが亡くなるまでずっと続きました。

「この距離感が私たちにはとても良かったの。毎日一緒にいるわけじゃなかったから、亡くなった今でも、どこか旅行に行ってるみたいな、不思議な感じ。いつでも帰って来そうな気がしているんです」

離れたこの距離感が私たち夫婦には良かった。亡くなった今でも、旅から帰って来そうな気がしています。

初めて出会ったときに、友人が偶然撮ったポラロイド写真。飾り戸棚の中に、今も大切に飾っています。

“PERSONAL STORY”

父、三郎左衛門さんのこと

mon père

鳥撃ち、釣り、ヨット、ドライブ。父は当時珍しかったハイカラな遊びを好む粋な人。

私は相当なファザコンなのよ、と順子さんは言います。1941年に千葉の海辺の町、館山に生まれてのびのびと育った順子さんは、父である島田三郎左衛門さんに殊のほかかわいがられました。

島田家は、明治になって江戸から千葉県館山に移り、豆腐製造業に。ただ、元来島田家の家長たちはあまり欲がない人ばかりでした。

三郎左衛門さんは太平洋戦争末期に召集され、戦後は中国で捕虜となってしまいます。帰国した時、父親（順子さんの祖父）から「お国のために戦ってようやく帰ってきたんだから何もしなくていい。遊んでいなさい」と言われたそうです。それならと、ポインターを連れて鳥撃ちに出掛けたり、海でヨットを操ったり、車やバイクを乗り回したり。三郎左衛門さんは当時としてはハイカラな遊びを好む趣味人でした。その粋でおしゃれな父親のそばで、順子さんは成長していきます。

順子さんは6人姉妹の3番目。姉妹の中で一番お父さんになついていたのは順子さんでした。

「ある時、運転している父のべっ甲のサングラス姿が格好よくて、私もとおねだりしたんです。すると、知り合いの眼鏡屋さんでクリーム色の子供用サングラスを作ってくれました。絵を描くのが好きな私のために本格的な油絵の画材をひと揃え買ってくれたこともあります。すごく子煩悩な人でしたね」

島田家の人々。三郎左衛門さんは、つらい戦争体験も
笑いに変えてしまうような人でした。右端が順子さん。

三郎左衛門さんは常識にとらわれず、分不相応なことも平気でしてしまうところがありました。まだ戦前ののどかな町で、トラックに乗って豆腐の配達をしている人など、あまりいなかったでしょう。順子さんもなんと16歳で自動車免許を取得。もちろん車マニアのお父さんの影響です。南房総の海岸沿いをよくドライブしたり、配達を手伝ったりしました。そういう好奇心旺盛で行動力のあるところは、三郎左衛門さんによく似ています。

娘がやりたいということを、全面的にサポートするのが三郎左衛門さんの姿勢でした。順子さんがパリへ行きたいと言った時も、反対するどころか、準備を手伝ってくれました。パリでデザイナーになるのも、結婚せずに出産するのも、背中を押してくれたそうです。三郎左衛門さんは常に順子さんの応援団長でした。

「私が娘の今日子の父親だった恋人と別れることに

両親が引退後に住んでいた故郷・館山の山の家には、お父さんの思い出がいっぱい。

娘の父親だった恋人と別れるときも「これからいい女になれよ」と。親らしからぬ言葉に胸打たれて。

したとき、家に国際電話をかけたら、父が『これからいい女になれよ』と言うんです。父親が娘に言う言葉とは思えないでしょう（笑）。でもそのひと言がそれはそれは身に染みて、思わず涙がこぼれました」

順子さんはお祖母さんからも、大きな影響を受けました。丸髷を結った着物姿がしゃれていたお祖母さんは、順子さんの憧れの存在。着物の着くずし方がとても上手で、身のこなしも素敵な明治の女性でした。自ら育てた蚕から絹糸を取り、機を織って着物を作ったり、野の花をたくさん摘んできて、石臼で叩き、色を出して染色したり。

粋なふるまいに加えて、手仕事の面白さや和の美しさを、幼い順子さんはお祖母さんから受け取ったのかもしれません。また、順子さんに手に職をつけて自立する女性になりなさい、と教えたのはお母さん。

「旦那さんがいなくても女一人で生きていけるように、と母はずっと言っていました。私が美術の学校へ進もうとしたら、絵では食べていけないけれど、洋裁の道ならと、杉野学園ドレスメーカー女学院（現ドレスメーカー学院）を勧めてくれたのも母です」

金銭に対して鷹揚な家風、父譲りの大らかで好奇心旺盛な性格、祖母から感じ取ったセンスの良さ、母の教えた自立心。応援団長だった父をはじめ、家族から受け取った一つひとつの愛が、順子さんの基礎となり、今も支え続けています。

晩年の三郎左衛門さんはこの家でお茶をたて、万年青の葉芸に親しんでいました。順子さんは、お父さんが暮らしていた名残があちこちに残る、この山の家が落ち着くといいます。

SHIMADA JUNKO
STYLE

Chapter 5

rites

大好きなものに囲まれて暮らしたい。
島田順子スタイルを彩る、
こだわりをすべて公開。

「夕焼けを眺めながら、
グラスにシャンパンを注ぐ。
ほっとできる一瞬を、
大事にしたいと思うわ」

Favo

SHIMADA JUNKO STYLE

ないと死んでしまうくらい、私に花は必要なの。

フランスの田舎には花屋さんがありません。庭に花がたくさん咲いていて、それを家に飾るから、必要ないのよ。

庭に花の咲かない冬は、週に一度パリの花屋に立ち寄り、車を飛ばして自宅のあるブーロンマーロット村へ帰るのが、長年の私の習慣です。このフローリストはちょうど通勤途中にあって、とても便利。近所の花屋感覚で長年利用しているけれど、実はパリ有数の老舗店なのよね。ずっと知らずに通っていました。

ディナーテーブルにブルーのお皿と紫のアネモネを並べましょう、暖炉に火を入れて横にチューリップを置いたらどうかしら、とその日の気分で、思うままにセレクトします。花はブーケにせずに持ち帰り、花瓶にぽいぽいっと。

でも、本当に美しいのは自然の中でのびのびと咲く花。だから生け花やアレンジメントのように、様式を決めて生けられた花をきれいだと思えません。野の花はすがすがしく可憐で、香りも市販のものよりずっと強いんです。

私の家の庭は野原の延長線上にあるようなもので、好きな花や木を自由に植えるうちにどんどん増えてしまいました。春には週末ごとに違う花が咲き、間もなくクロッカスやスミレがもくもくと芽吹いてきます。

私にとって花は、人生で最も大切なものの一つ。生活を豊かにし、心をほっとさせてくれる存在です。ごはんや空気と同じく、生きるために必要不可欠。

花

fleur

① 気に入ったものがあるとつい買ってしまう花瓶。「ぽいぽいっと自然に生けるのが好き」

② 1870年代創立の老舗花屋Moulié（ムリエ）。顧客にはセレブリティや政治家が多い。

③ 形のきれいな空き瓶に小さなバラを生けて、キッチンの彩りに。主役はあくまでも花です。

かけがえのないシャンパンとの時間。

仕事が忙しくなると、友人と会っている時間もないし、プライベートはないし、プライベートは一人が楽になってしまうけれど、シャンパンがあると豊かな気持ちになるのよ。一人でも独りぼっちではない、そうね、いい仲間がテーブルに加わる感じかしら。

よくキャビアやフォアグラを出すけれど、私には重すぎる。大根おろしと目刺しもいいわね。でもお客さまを招くときはリッチなお皿を用意するわよ（笑）。

シャンパンはシャルドネ100％やドライなタイプが好みで、手に入りやすいものを購入します。以前オテル・ムーリスのバーに行ったときに、手頃な価格のものを上手に冷やしていて、おいしかった。冷やし方で、お味が良くなるのね、と勉強になりました。高すぎるものはおいしくて当たり前だし、スノッブなイメージも嫌いだわ。

シャンパンは私が私でいられる時間に必要なもの。家族とグラスを交わす瞬間は、何にも替え難い幸せを感じます。

お酒が強く見えるかもしれませんが、実はたくさん飲めません。だから一生懸命働いた後、仕事の疲れを癒やすためにシャンパンを少々いただく程度。

なぜシャンパンかというと、アルコールが軽いのと、フランスの乾いた気候に合うから。そして、雰囲気づくりの役目が大きいわね。家では、オペラやジャズをかけながら、一杯。こうすればアボカドの簡単サラダだってごちそうになるし、気分も盛り上がる。

シャンパン

champagne

107.

④ 縦長のフルート型でなく、ちょっとクラシックな丸型が好み。たくさん集めています。

① 古物市でまとめ買いしたバカラのアンティークグラス。1920年代のもので模様は手作業。

② モンマルトルの自宅でアペリティフ。「いい音楽と、きれいな夕日があれば最高ね」

③ ルイナールのスタンダードライン「R・ド・ルイナール」が日常のシャンパン。

きらりと光るものを探す、アンティークの愉しみ。

古いものが好きなのは、骨董を集めていた父親の影響もあると思うわ。一点物など、たくさん作られなかったもののほうが面白い、と感じます。アンティークといっても高級品ではなく、のみの市や小さなお店に並ぶガラクタから、輝いているものを見つけ出すのが楽しいのよ。

7区のアンティーク店「アントレ・サン・フラッペ」は、ごちゃっと置かれた商品から、宝探しができる場所。オブジェや器、照明など、主にベルギーやオランダから仕入れた、センスがいいけれど少々変わった雑貨が、手頃な価格で見つかります。セレクトがとても好みで、よく足を運んでいるわ。

競売へふらっと行くこともありますが、購入するのは人気がなくて、値段の上がらないものばかり。ブーロンマーロットの家にある、トナカイの角を使ったコンソールは、誰も買わなくて私が引き受けることに（笑）。シートの柄が悪趣味で入札のなかった椅子などは、布を張り替えてみる、など手を入れます。工夫をすれば、さほど高価でない家具だって、素敵に生まれ変わるのよ。

アンティークをリーズナブルに買えるのは、いいものをたくさん見て目を鍛え、経験値を上げたからじゃないかしら。また、家具を上手にリノベーションできるのは、デザイナーとして物作りに携わっているおかげかな、と思っています。

「アンティーク」

antique

108.

①ノスタルジックで美しいデザインのペンダントランプ。「古い日本家屋にも合うのよ」

②オーナーが一目惚れした商品を、手頃な価格で販売。どう使おうか考えるもの楽しい。

③ブーロンマーロットの自宅にはガウディのアンティークの椅子が。少しずつ買い集めた。

麻のシーツ

linnen

洗いざらしの肌触りが好き。手作りの麻のシーツ。

毎日の暮らしに欠かせないのが麻のシーツ。のりを利かせ、アイロンをパリッとかけるのではなく、庭にぴーんと張って干すほうが好きですね。洗いざらしに素足を入れたときの温かい感じ、ざらっとしながらスルッとしている、その感触がたまらない。替えたばかりのシーツに横たわると、幸せな気持ちになるわ。

リネン類は数えられないくらい持っているのよ。既成品はとても高いから、モンマルトルの布専門店で、2m80㎝幅の麻を買って、作っています。ミシンで端を縫うだけだから、簡単。麻は使うとすぐにぐちゃっとするから、2日に一度替えると気持ちいい。それでたくさんストックがあるのよ。

のみの市で見つけた古いリネンも愛用しています。刺繍を施したものはとてもきれい。ヨーロッパでは、嫁入り道具に、刺繍をしたベッドリネンを準備する習慣がありました。私もシーツに刺繍をすることがあるけれど、昔の女性は大変だったなあ、と思います。

日本で麻のリネンは一般的ではないけれど、イタリアは安いホテルでも使っている。心地よいものと暮らすと、豪華な気分になる、それをイタリア人は熟知しているのではないかしら。花やシャンパンのように、麻のシーツは私の生活を豊かにしてくれています。

111.

① 麻はしわになりやすいので、縫い目をよく引っ張ってから干すのがコツ。

② ベッドリネン専用のクローゼット。いつの間にか、こんなにたくさん集まった。

③ 端に折り目をつけ、ミシンで直線縫いをするだけ。既成品は高いので手作りしています。

生き物のいる暮らしは、部屋の空気を緩めてくれる。

実家は面白い家だったの。祖母はヒヨコ好きで、寝室にまで小さなヒヨコを入れ、飽きることなく眺めていたのよ。春になると金魚屋さんから流金や黒出目金を買い、庭の池に放しました。餌やりを祖母がしていたから、彼女が岸に近づくと金魚が集まって、とてもうらやましかった。

父の狩猟犬で、子どもの私が乗って遊べるくらい大きい、英国ポインターも3匹いました。スピッツが欲しくて、買ってもらったこともあります。よくほえる犬で、鳴き声がうるさいと、父が友人のカナリアと交換してしまったけれど（笑）。猫もいろいろ、いましたね。

いつもそばに動物がいたから、それが当たり前。パリで一人住まいを始めたころだけが例外かしら。その後、渡仏してきた妹と一緒に住むことになり、すぐに猫を飼いました。今は2匹の犬、1匹の猫が同居人です。彼らをべったりかわいがることはありません。放任主義なんです。人間も、動物も、自由気ままに暮らしています。ブーロンマーロットに来るときは、動物たちも一緒です。

一人でいるのが寂しいから動物を飼おう、とは考えません。同じ空間に生き物がいて、何かが動いている。この気配が素敵。花と同じで、部屋の空気をふわっと温かくしてくれます。

「動物」
animal

113.

京都からやってきた柴犬のモミジ。もう一匹の犬は、ドイツシェパードで名前はバンブー。

愛車ポルシェが作ってくれる、小さな自分だけの空間。

運転が好きというよりも、車の中で過ごす時間が快いのです。ドアを閉めた瞬間、一人になった、と感じるのがいい。小さな空間が自分だけのものになりますから。パリとブーロンマーロットの家を往復する1時間は、大声で歌を歌い、音程がうまく取れなかったパートはもう一度やり直し。実は小学生のころからしばらく、声楽を習っていたのです。ゆっくりいろいろな考え事をしたり、落ち込んだときには心を静めたりすることもありますね。車を走らせてスッキリするのではなく、こうして一人の時間を満喫しています。車のトランクには花ばさみが入っていて、可憐な野の花が田舎道に咲いていると、車を止めて摘んでしまう。持ち帰って家に飾るのも楽しみの一つです。

ポルシェは昔からの憧れ。子どものころ、母の実家がある三浦から船で館山に渡る途中、とてもきれいな車を運ぶフェリーを見かけました。あれはポルシェだよと教わり、頭にインプットされてしまったのです。1950年代の流線的なフォルムは特に美しかったですね。パリで2番目に勤めた会社「マフィア」の女社長も、運転手付きの車ではなく黒のポルシェを自分で運転していました。面接の日に、胸元までボタンを開けた黒いシャツ、黒いパンツ姿でさっそうと降りてきたシーンを今もはっきり覚えています。

もっと大人になったら私にも似合うかな、と長い間乗ることを夢見ていた車なのです。

車
car

115.

1

3

①ブーロンマーロットの自宅からゴルフ場へ。田舎の生活に車は必需品です。

②パリのアトリエ近くで。郊外に行くときだけでなく街でもしょっちゅう乗っています。

③パンツにフラットシューズが基本。サングラスも欠かせないけれど、グローブはしない。

2

気軽にプレイするゴルフは、最高のリフレッシュ。

休日はゴルフで気分転換をしています。成績を気にせず、緑の中をウォーキングする感覚で、気軽にプレイしているのですよ。

目的のない散歩は嫌ですが、球を追えば長い距離も歩けます。旅先でグリーンを回り、体を動かすのも楽しいですね。私はジョギングをしませんし、泳いでもだんだん沈んでしまうから（笑）、これが唯一楽しめるスポーツです。

入会しているクラブ「ゴルフ・ド・フォンテーヌブロー」は会員が多すぎず、前々から予約せずともOK。フランスは日本に比べ、料金がリーズナブル。キャディーさんがいませんから、自力でカートを引きますし、見当たらなくなったボールも探します。

クラブのメンバーは全員が顔見知りで、家族的な雰囲気。気さくな方が多く、コンペでも「今日は楽しもう！」と肩の力を抜いてコースを回ります。日本では皆、真剣にプレイをしますし、とても上手ですね。二国間の違いを見ることができ、面白く感じます。

ゴルフは一度始めたらやめられません。今日は上手にできても、翌日はそうでもない、とアップダウンがあります。精神状態が左右する、独り相撲のスポーツですね。また、年齢を重ねながら続けられるのも魅力のひとつです。80歳、90歳になってもコースに出られたらいいな、と思っています。

ゴルフ

golf

①創立1世紀以上の名門クラブで。メンバーとは、お互いの家に招いたり招かれたりする仲。

②入会しているクラブのロゴ入り傘。カラフルな小物もゴルフの楽しみのひとつ。

③J.M.ウェストン、フランスのAOLなどブランドはさまざま。長年大事に使っています。

父の思い出がたくさん詰まった館山のヨットでセーリング。

夏に帰国すると、父母が晩年を暮らしていた館山の家へ。そして、いつものヨット仲間たちと、海へと繰り出します。

ブルーマリンなのよ、館山の海は。岸の近くは深い緑色で、そのうちに青くなっていく。素敵よ。父がヨットが好きだったから、夏になるといつもみんなを連れて乗せてくれたものでした。風さえ的確につかめば、格段に操りやすくなる。子どものころから見ていたから、そういうことは理解できるのよ。

このカリプソ号は油壺で進水式をした船。もう20年ぐらい前の話です。マストはアルミ製で13フィートもあって、フランスから来ました。でも、長すぎて陸路では無理なので、船で静岡の工場まで運びました。そこから、油壺で進水式をして館山までセーリングして戻ったのね。お祝いにドンペリのマグナム瓶をパリから担いで帰って、クルー全員で飲んだのよ。

館山にはヨットハーバーがなくて、自衛隊からヨットをつなぐ場所を借りて、地元の人たちが気楽にヨットを乗り回しています。

ブルジョアが豪華なヨットに乗って、というのとは全然違って、素朴で、そこが館山のいいところ。古いまま、のんびりしたまま、生まれ育った思い出がそのまま残っている気がするの。私の場合、イコール父の思い出だったりするけれど。そういう時間を持てるのは幸せです。

ヨット

yacht

① 「日焼けは全然気にしないわね」。パナマ帽はたくさんコレクションしています。

② 30年来のつきあいになる愉快なヨット仲間たち。館山に帰ると必ず会います。

③ 「小さいころの思い出が、今も体験できるのは素晴らしいこと」。時の流れが止まります。

A

男優&女優

Acteur&Actrice
私の好きな俳優さん

日本人なら山﨑努さん。週刊文春の書評ページを通して好きになりました。彼の文章は押さえどころが良く、頭のいい人だと思います。外国人ならマルチェロ・マストロヤンニ。優しそうで、情が深くナイーブな感じね。そういう役柄が多かったからでしょうか。いろいろなことを許してしまいそうです。印象に残っているのは『イタリア式離婚狂想曲』。『ひまわり』も良かった。共演のソフィア・ローレンが素晴らしかったですね。ミケランジェロ・アントニオーニ監督『欲望』の主演男優、デヴィッド・ヘミングスも素敵です。

『ひまわり』 デジタル・リマスター版 IMAGICA TV©1970-Compagnia Cinematografica Champion(It)-Films Concordia(Fr)-Surf Film Srl, All rights reserverd.

B

刺繍

Broderie
一人の時間は刺繍を

カゴに手芸道具をこまごま入れておいて、一人でいるときに暖炉の前へ座り、刺繍や編み物をして過ごします。今はソファの背当てとシートカバーの刺繍に挑戦中。

C

シャンパン

Champagne
シャンパンは相棒

独り身に大事なものは、トランプ、花、夕日、音楽、そしてシャンパーニュ。1940年代の名作映画を放映するテレビ局、TCMも欠かせません。好きな銘柄は晴れの日はクリュッグ、普段買うのはルイナール。今でこそ有名ですが、昔は知る人ぞ知る小さなメゾンだったのよ。2000年を記念し限定販売された「レクスクルーシヴ」は、特別おいしかった。酒屋さんから、在庫の80本を全部買ったら?とすすめられましたが、長年取っておいて変質したら嫌だから、買いませんでした。かつて父がドン・ペリニヨンのマグナムボトルをヨットに大事に寝かせておき、開けたら酢になっていた、ということがあったので。けれど、ミレニアムバージョンはもう手に入らなくて、買っておけばよかったと後悔しています。シャンパーニュは気取っているように思われますが、気取って飲むのは好きじゃない。シンプルにアボカドとパン、チーズがあれば、それでOK。軽く酔い心地になれればいいのです。そして夕日がきれいだったら最高。グラスを片手に歓喜を燃やします。たくさん飲めないけれど、とてもいい気分になれます。

2000年のミレニアムイヤーを記念して発売された「ルイナール レクスクルーシヴ」

AtoZ

ファッションも生活も、
抜群のセンスとこだわりをもつ
島田さんへ26項目をインタビュー。
好きな物や美の秘訣まで、
見逃せない情報が満載です。

D

ドレッシングルーム

Dressing
捨てない整理術

物が捨てられないのです、それぞれに愛着があるから。洋服の好みは変わらなくて、クローゼットに同じような服が、たくさん入っているの。そこで掃除に来てくれるお姉さんや、日本から遊びに来る妹に「目をつぶっているから、その間に欲しい洋服を持って行って」と頼み、数を減らしています。意識している整理術は特にないけれど、洋服など、目についたものはすぐ畳んで片づけ、表をすっきりさせます。狭い場所に物がたくさん出ていると気分が良くないから、机の上の書類もどんどんしまう。でも、その後探すのよ、どこに入れたのかしらって（笑）。キッチンに汚れ物があるのも嫌で、食器を使ったら即、洗います。

E

スパイス

Epice
いいお塩さえあれば

ブルターニュのお塩。塩の花（良質の塩田で取れる大きな結晶の天日塩）で、甘味があって、おいしいのよ。サラダにパラパラっと振って使っています。日本へ戻る折はお土産に、たくさん抱えて持ち帰ります。購入先はデパート、ボン・マルシェの食品館。朝採りのきゅうりやなすにもみ込んで、ギューっと絞ったり、枝豆やとうもろこしにかけるのもおすすめです。

F

毛皮

Fourrure
毛皮は気負わず

ミンクの毛皮は軽くて暖かい。原始的な防寒着ですね。ダウンジャケットは機能的だけど、好きではありません。毛皮をアレンジしてラフなトップスを作ったことも。セーターのように気負わず、日常のシーンで着ています。豪華なファーコートは、ハリウッドスターみたいにドレスの上に羽織っても面白くないから、カジュアルウエアにあわせてくずして着るといいですね。

G

祖父

Grand-pere
おじいさんの思い出

父方の祖父は日露戦争時には騎兵隊として出征していました。娘の今日子が馬を好きなのは、その血を引いているからかもしれません。館山では豆腐商を営んでいました。進取の性格で、町で初めてトラックを買うと、海軍御用達商

朝ご飯から好きな映画まで、もっと知りたい！

島田順子スタイル

人として、商売を大きくした人です。家族思いでもありました。

　東京に行くと、帰りは必ず人力車を2台使い、1台にはお土産をいっぱい積んできたと聞いています。ある日、祖父がお客さんを伴ってきた、と車に近づくと、等身大の人形が乗っていたとか。子ども用のおみこしを作らせたこともありました。

　私の父が第2次世界大戦から無事に戻ってきたときは「一生分の仕事をしてきたから、もう働かなくてもいい」と言ったそうです。だから父は本当にあまり働かないで、道楽にいそしんでいたのですよ（笑）。

館山にある、父母が晩年を暮らした家には、祖父の思い出の品も残っている。

H

｜ハーブ｜

Herbe

フランスでもしそ

　ローズマリーやタイムは、レンズ豆の煮込みや肉のローストに。山椒もよく使います。レモングラスでお茶を入れることもあります。青々とした葉の色もいいですね。ハーブはすべて好きだけど、一番はしそで、庭にたくさん育てています。パスタにたっぷり入れて、うにを加えるとおいしいですよ。炊きたてご飯に混ぜて、じゃこや梅干しと一緒に食べると、これがあれば何もいらない！と思います。

ハーブ類は、手をかけなくてもどんどん増えるのでラク。新しい味の組み合わせを考えるのも楽しみ。

I

｜イコン｜

Icon

憧れの祖母と父

　祖母は美しい人で、祖父に惚れられ、駆け落ちをしたそうです。さすが明治の女性、料理から機織りまでなんでも上手。センスが良く、子ども心に素敵だなあ、と感じていました。死ぬまで高枕を使い、パシュミナよりずっと薄くて高価なシャトゥーシュを頭に巻いて寝ていました。着物の着くずしも非常にうまかったですね。

　しつけもきちんとした人で、食事中、姿勢を正すため孫の背中に竹の棒を入れたり。6月6日におけいこ事を始めるとよい、と私はお琴を習わされました。祖父母は同じ敷地内の離れに住み、トイレには伊万里焼の便器がありましたが、真っ黒な一枚板のふたの上に、祖母は真っ白な化粧クリームの空き瓶を載せて、朝手折った花を一輪、生けていたのですよ。くちなし、水仙、椿、と毎日変わりました。おばあさんのすることは本当に美しい、と感動したものです。

　一方父は子煩悩で、とてもかわいがってくれました。優しくて、情緒があって。文化祭に描いた絵で私が金賞をもらったときは、父がお手伝いさんと学校へ来て、「この素晴らしい絵は、どこの子どもが描いたのかなあ」とサクラをしたとか。偶然居合わせた先生からこの話を聞いて、恥ずかしい思いをしました（笑）。

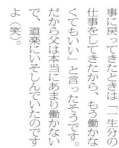

J

カード遊び

Jeux de cartes
トランプで一人遊び

ポーカーも好きですが、一人で遊ぶなら「チャンス」。裏にして置いたカードが全部開くといいことがある、というゲームですが、佐藤栄作元首相も一日中している、と奥さまからうかがったことが。

美しく凛としていた、祖母の肖像画。

K

着物

Kimono
明治の女の着くずし

着こなしの参考にするのは明治時代の女性の着つけです。動きやすいようにぐずっと楽に着ても、凛としていて、素敵。きちんとした印象です。彼女たちは着物慣れしていましたから、着くずし方が上手。広めに開けた襟元からのぞく首がきれいだったり、ちらりと見える足首がセクシーだったり。着物経験の長い大人だからできるテクニックです。若いころは初々しさ、肌のきれいさがあるからどんな服でも似合うけれど、大人はそうはいきません。経験値を活用して、洋服を上手に着くずしたいですね。くたびれたトレンチコートを格好よく羽織るとか。

L

本

Livre
冒険小説が大好きで

澁澤龍彦の『高丘親王航海記』、ジュール・ヴェルヌの『八十日間世界一周』、スティーヴンソンの『宝島』といった空想の探検物語が大好きです。スウィフトの『ガリヴァ旅行記』にはヤフーという生物が住んでいる不思議な島に到着する、など、子ども向けの本には書かれていない物語がたくさん入っています。何回読んでも面白いですね。アメリカや日本の推理小説は好みではないのですが、謎解きメインではなく、歴史を背景に展開するお話は例外。たとえば遺跡や、宗教戦争などに鍵が隠されている小説なら、その時代の興味深い風習や政治的事情といったことが詳しく書かれている。歴史の知識が深まり勉強になります。

M

音楽

Musique
踊れる音楽

音楽は大事です。オペラやジャズ、クラシック、ポップス、ロック、ボブ・ディランのようなフォーク、ポルトガルの民俗歌謡・ファド……。フィーリングが合って、踊れる音楽はみんな好きです。逆に合わないのが、日本の流行歌。外国のポップスを真似した曲は、嫌だなあと感じます。日仏で人気がある、セルジュ・ゲンズブールも合いません。彼の曲で好きなのは、カトリーヌ・ドヌーヴとデュエットした「神様はハバナタバコが大好き」だけ（笑）。パリコレで使う音楽は、プロに選曲をしていただきます。作曲家に服を見せ、そのイメージで作ってもらったこともありました。

N

ヌーヴェルヴァーグ

Nouvelle Vague
大好きな監督と映画

フランス映画が好きです。小粋で、コケティッシュで、大人っぽい。渋谷の東急文化会館（現・渋谷ヒカリエ）は以前スカラ座という映画館で、ヌーヴェルヴァーグの作品をよく見ました。パリに住み始めたときは、皆が映画の主人公のように自由に生きていて、素敵だな、と思ったものです。この時代の監督はルイス・ブニュエルが一番好き。シュールレアリストで、風変わりなものも撮りましたが、『昼顔』は名作。貞淑な妻と娼婦を演じたカトリーヌ・ドヌーヴがとても良かった。『小間使いの日記』のジャンヌ・モローも素晴らしかった。トリュフォー、ゴダールの作品も好みです。『シェルブールの雨傘』のようなミュージカル仕立てはあまり好きではありません。ルイ・マルが手がけた『死刑台のエレベーター』は主演のモーリス・ロネ、ジャンヌ・モローの名演に加え、マイルス・デイヴィスの音楽が最高です。監督全般なら、スタンリー・キューブリックを尊敬しています。第1次世界大戦を舞台に、人間の極限の感覚を描いた『突撃』は胸打つ作品。カーク・ダグラス演じる大佐が、部下の銃殺刑の日に懊悩しながら朝食を取るシーンは特に印象深く、背後に流れるヨハン・シュトラウスの曲も感動的でした。彼はとても厳しさのある監督ですね。ミケランジェロ・アントニオーニもいい。厳格なキューブリックとは対照的に、モダンな作品を多数撮りました。パゾリーニの映画は素敵な男性がたくさん出演しますが、作品は独特。あとは、ルキノ・ヴィスコンティ……。好きな監督を挙げたら切りがないです（笑）。

Blu-ray『死刑台のエレベーター』
発売元：IMAGICA TV　©1958 Nouvelles Editions de Films

Blu-ray『昼顔』　販売元：紀伊國屋書店
©Investing Establishment/Plaza Production International/ Comstock Group

O

オスカー・ワイルド

Oscar Wilde
オスカー・ワイルドとの縁

ワイルドは想像力に富んでいて、大好きな作家。フランスに住む前から愛読していました。『ドリアン・グレイの肖像』は老いを恐れる美しい若者のお話。ある日鏡を見ると自分が老人になっていた、というラストシーンも鮮烈です。はるか昔、彼はブーロンマーロットの私の家に、寄宿したことがあるのですよ。入居後にこのことを知り、大変驚きました。日本から遠く離れたこの村に、今私が住んでいるのは、彼に呼ばれたからでしょうか？（写真はワイルドが1900年に没した宿、「ロテル」。入口横には肖像レリーフが）

L' Hotel●13 Rue des Beaux-Arts 75006 Paris　1+33・01・44・41・99・00

P

香水

Parfum

香水のない生活なんて

とても大切。「夜寝るときは何を着る?」と記者に問われたマリリン・モンローが、「シャネルの5番よ」と答えた逸話を子どものころに聞き、ショックを受けました。お香をたくようにさりげなく、ふわりと漂わせるのが私の香水のつけ方です。愛用するのはゲラン。冬は「ミツコ」、夏は爽やかな「アクア アレゴリア パンプルリューヌ」。19世紀半ばにナポレオン3世の皇后、ウジェニーに献上された「オーデコロン イムペリアル」はバスタイム用。浴槽に入れるため、大瓶を常備します。「シャリマー」、シャネル「No.5」はボトルの形が好きで、中身が空くと花瓶に。けれど私には香りが強すぎて、なかなか使い切れません(笑)。

Q

毎日の生活

la vie Quotidienne

毎朝の習慣

朝は早起き。まず台所に行き、しょうがをすって熱い湯を注ぎ、しょうが湯を作ります。大きなカップでたっぷり飲むと、内臓がすっきり洗われる気がするのです。風邪をひくと蜂蜜をプラス。私はあまり薬を飲みませんが、これでたいてい治ってしまいます。朝食はトーストしたポワラーヌのくるみパン、マルシェのチーズ屋さんで買う無塩バター、ローズマリーやモミの木の蜂蜜、コンフィチュールいろいろ、ブラックコーヒー。朝の2時間は頭も体もよく動きますから、コーヒーを飲みながら日本へ仕事の電話をする、などいろいろなことをしています。

R

口紅

Rouge a levres

メイクのこだわり

いろいろなルージュをミックス。ピンク系はエスティ ローダー「ピュア カラー リップスティック」の44番と105番、赤系はシャネルの「ルージュ アリュール」12番と67番。みんなからパレットさん、と呼ばれています(笑)。ファンデーションはドゥ・ラ・メール。ゲランの日焼け色パウダーを重ねます。脚にはシュウ ウエムラのファンデーションを2色づかい。ボディケアには自然派ショップで買う、さらりとしたドライオイルを使っています。

S

ステンレス

Stainless steel
ステンレスの冷たい光

鈍い光に惹かれます。タイルの白さとよく合うのです。ブーロンマーロット村の家の台所は、壁をタイル張りにし、キッチン台や食器洗浄機など機械類はステンレスで統一しました。調理台は、フランスの老舗メーカー「ラ・コルニュ」のものです。

T

お茶

The
日本ではほうじ茶を

フランスの水は硬質で、お茶を入れるのに適さないのです。だからあまり飲みません。お客さま用として、ブラックティーを何種類か用意しています。日本ではほうじ茶や玄米茶をよく飲みます。東京では、オフィス近くの人形町・甘酒横町にある「森乃園」に行きます。店頭でお茶を煎っているのがとてもいい香りなのよ。

U

キッチン用品

Ustensile
ストレス解消は台所用品

台所用品が大好き。トラブルが起こったり、腹が立ったり、と気分が優れない日は専門店やデパートに直行し、買い物で発散します。ストレス解消の成果でキッチン周りがすっかり充実しました(笑)。食器もつい、たくさん買ってしまいます。

V

旅

Voyage
行きたい旅先

2日間休みが取れたらロンドン、スペインとフランスの国境の町・カダケス、フランスのブルターニュ地方、ヴェネチアへ旅立ちます。3日間あればギリシャ、イスタンブール、エジプト、トルコ。チュニジアは2～3日で満喫できます。フランスや日本とはまったく違う文化の国ですから、ショートステイでも、長い間旅をした気分になれますよ。1週間ならポルトガルでゴルフ。モロッコもいいですね。2週間あったらケニア。日本からも素敵な場所へ行けます。週末は香港や上海。1週間休めたらベトナムかバリ島かしら。

©Prisma Bildagentur／アフロ

W

週末

Week-end

週末の過ごし方

午前中は花を買いに行き、午後はゴルフ場へ。ゴルフをするとあっという間に時間が過ぎ、週末が終わってしまいます。疲れを感じた日は全ホール回らずに、9ホールだけプレーするようにしています。

X

リラックス

relaX

リラックスはバスタイム

バスタブに岩塩を500g入れて、音楽も聴かずに朝晩のんびり浸かります。マッサージやエステティックサロンには行ったことがないの。これが唯一のリラックス法です。

Y

ヨット

Yacht

ヨットの名はカリプソ号

父に連れられて、子どもの頃から乗っていたヨット。館山に帰る楽しみのひとつです。クルーが4、5人集まるとヨットを出します。大島に行ったり、熱海に温泉に入りに行ったり、三浦半島の三崎に行ったり。陸だと遠く感じる場所も、ヨットならすぐ行けてしまうんですよ。

目的地をめざすのではなく、とりとめなく、遊覧するときもあります。沖に停泊して海に飛び込んだり、泳いだりもしますよ。ヨットで飲んだり食べたり、お昼寝したり、そんなことも楽しいです。

Z

シマウマ

Zebre

野生の動物は美しい

世の中にこれほど美しいストライプがあるのかしら！ シマウマやキリンといった、野生動物のモチーフに感動します。爬虫類も嫌いではありません。実家では春になると蛇が姿を現しました。これは家を守る神様、と教えられましたから、怖くはありませんでした。抜け殻がきれいなのです、繊細なレースのようで。シマウマや蛇だけでなく、ワイルドな動物はすべて好きです。クロコやパイソン、大きな動物の革をまとうと「強い生き物が自分を守ってくれる」と感じ、まるでよろいを着たような気分になるのですよ。

Shimada Junko Style
島田順子
おしゃれライフスタイル

2016年 8月25日 第1刷発行
2017年 9月 1日 第4刷発行

PHOTOGRAPHERS
松永学
青木和義 P30-35, P68-71
荒井俊哉 P36-41 / YARD
山下郁夫 P104-117
JO MORIYAMA P100-101, P118-119

WRITERS
木戸美由紀
今井恵
綿貫あかね

CORDINATION
中西千帆子 / TRAFFIC

PRODUCER
淀川美代子

ART DIRECTOR
白 承坤 / PAIK DESIGN OFFICE INC.
榎本剛士 / PAIK DESIGN OFFICE INC.

DESIGNERS
村口麻衣 / PAIK DESIGN OFFICE INC.
前田由貴 / PAIK DESIGN OFFICE INC.

編者 マガジンハウス
発行者 石﨑孟
発行所 株式会社マガジンハウス 〒104-8003 東京都中央区銀座3-13-10
書籍編集部 ☎ 03-3545-7030
受注センター ☎ 049-275-1811
印刷・製本所 凸版印刷株式会社

ISBN978-4-8387-2871-8 C0095